Chiara Lubich
Brot des Lebens

Chiara Lubich

Brot des Lebens

Jesus heute begegnen in der Eucharistie

VERLAG NEUE STADT
MÜNCHEN · ZÜRICH · WIEN

Herausgegeben von Stefan Liesenfeld

Übertragung ins Deutsche: Gudrun Griesmayr und Stefan Liesenfeld

Die Einführungen und Zwischentexte stammen vom Herausgeber.

MIX
Papier
FSC FSC® C083411

CPI
Mehr Bäume. Weniger CO_2.
www.cpibooks.de/klimaneutral

2014, 1. Auflage

Gestaltung und Satz: Neue-Stadt-Grafik
Druck: CPI – Clausen & Bosse, Leck
ISBN 978-3-7346-1029-5

www.neuestadt.com

Jesus sagt: „Ich bin das Brot des Lebens; wer zu mir kommt, wird nie mehr hungern, und wer an mich glaubt, wird nie mehr Durst haben ... Ich bin das lebendige Brot, das vom Himmel herabgekommen ist. Wer von diesem Brot isst, wird in Ewigkeit leben. Das Brot, das ich geben werde, ist mein Fleisch, (ich gebe es hin) für das Leben der Welt ... Wer mein Fleisch isst und mein Blut trinkt, hat das ewige Leben, und ich werde ihn auferwecken am Letzten Tag. Denn mein Fleisch ist wirklich eine Speise und mein Blut ist wirklich ein Trank. Wer mein Fleisch isst und mein Blut trinkt, der bleibt in mir und ich bleibe in ihm. Wie mich der lebendige Vater gesandt hat und wie ich durch den Vater lebe, so wird jeder, der mich isst, durch mich leben."

(Johannes 6,35.51–57)

Paulus schreibt: „Ich habe vom Herrn empfangen, was ich euch dann überliefert habe: Jesus, der Herr, nahm in der Nacht, in der er ausgeliefert wurde, Brot, sprach das Dankgebet, brach das Brot und sagte: Das ist mein Leib für euch. Tut dies zu meinem Gedächtnis! Ebenso nahm er nach dem Mahl den Kelch und sprach: Dieser Kelch ist der *Neue Bund* in meinem Blut. Tut dies, sooft ihr daraus trinkt, zu meinem Gedächtnis! Denn sooft ihr von diesem Brot esst und aus dem Kelch trinkt, verkündet ihr den Tod des Herrn, bis er kommt."
(1 Korinther 11,23–26; vgl. Matthäus 26,17–29; Markus 14,12–25; Lukas 22,13–20)

Von der ersten christlichen Gemeinde in Jerusalem heißt es in der Apostelgeschichte: „Sie hielten an der Lehre der Apostel fest und an der Gemeinschaft, am Brechen des Brotes* und an den Gebeten ... Tag für Tag verharrten sie einmütig im Tempel, brachen in ihren Häusern das Brot und hielten miteinander Mahl in Freude und Einfalt des Herzens."

(Apostelgeschichte 2,42.46)

* Eucharistie, Herrenmahl, Abendmahl, Brechen des Brotes, das sind einige der vielen Bezeichnungen für jenes ganz besondere Gedächtnismahl, zu dem sich Christen seit frühester Zeit versammeln.
Bekanntlich hat sich in den verschiedenen christlichen Kirchen und Konfessionen eine unterschiedliche Praxis und zum Teil auch ein unterschiedliches Verständnis des Herrenmahls ausgebildet. Die Autorin spricht als Katholikin, doch viele ihrer Gedanken sind nicht konfessionell gebunden; Leserinnen und Leser anderer Konfessionen können die Texte auf dem Hintergrund ihrer eigenen Glaubensüberzeugung deuten und für sich fruchtbar werden lassen.

Vorwort

Dieses Büchlein möchte eine kurze Hinführung zu einem lebendigen Geheimnis sein, das zurückgeht auf Jesus selbst, auf sein letztes Mahl mit den Seinen: Es handelt von Jesu Gegenwart in der Eucharistie. Kein Buch, keine Bibliothek würde ausreichen, um diese „Verrücktheit der Liebe", wie Therese von Lisieux es nannte, zu beschreiben. In ihr sind Göttliches und Menschliches verbunden; alles, was wir sind, was uns bewegt, was uns trennt und verbindet, worauf wir zugehen, erscheint von da aus in einem anderen Licht.

Angenommen, jemand hätte nie etwas von Jesus und vom Christentum gehört, und dann käme einer und würde sagen: Der unsichtbare Schöpfer des Alls ist aus Liebe zu uns Menschen in Jesus von Nazaret selber Mensch geworden, um bei uns zu sein, damit wir heil werden und in ihm ein erfülltes Leben finden – für immer! Für uns ist er gestorben und auferstanden, und er ist mit seiner ganzen Liebe bei uns geblieben: Bevor er starb, hat er ein Mahl gefeiert, bei dem er Brot nahm und Wein ... Und er trug den Seinen auf: Feiert immer wieder dieses Mahl, denkt an mich und mein Leben für euch: Dieses Brot, dieser Wein, *das bin ich*. Für euch. Zu allen Zeiten. An allen Orten ... »Ich bin bei euch alle Tage ...!« – Es könnte einem als schier unfassbare Geschichte erscheinen ... Und doch können zahllose Menschen bezeugen, wie sie dies als wahr erfahren haben und wie Jesus für sie zum „Brot des Lebens" geworden ist.

Es sind nicht nur Einzelne, schon gar nicht einzelne Sonderlinge. Es ist eine große Gemeinschaft. Wie könnte es anders sein? Gott ist selbst dreifaltige Gemeinschaft; Gemeinschaft ist sein Leben und sein Herzensanliegen. Jesus ist nicht gekommen, um sich als Gott auf einen Thron zu setzen, sondern um „zu dienen“, um ganz da zu sein für die, die ihn brauchten; er hat Freunde um sich geschart, er lebte für die Menschen – und in all dem, vom Geist erfüllt, lebte er für seinen Vater im Himmel. Auch seine Präsenz im „heiligen Mahl“ zielt auf lebendige Beziehung hin: auf das Lob, den Dank, das „Eintauchen“ in den Vater im „Einswerden“ mit Jesus. Sie zielt auf die Vereinigung mit Gott und die Einheit untereinander, auf tiefe Freundschaft und Gemeinschaft. Es ist eine Gemeinschaft mit einer Geschichte von Jesus bis zu uns heute: Kirche! Dass die Kirche Jesu Christi gespalten ist, wird gerade im Kontext der Eucharistie schmerzlich und als unerträglicher Widerspruch sichtbar. Müsste uns nicht aufgehen, dass er nicht bei uns geblieben ist, damit wir über das Wie streiten, ja dass man meint, die Mahlgemeinschaft verweigern zu müssen? Müssen wir nicht inständig beten und alles uns Mögliche tun, damit wir uns in ihm finden, mit ihm leben, in aller Verschiedenheit Zeugnis der Einheit geben und uns so von ihm in eine Welt schicken lassen, der wir die Botschaft von der „verrückten Liebe Gottes“ schulden?

Dieses Büchlein versammelt Texte von Chiara Lubich (1920–2008), bekannt als Gründerin der Fokolar-Bewegung. Sie zeugen davon, wie sehr sie von diesem Jesus und seiner allen Menschen geltenden Liebe ergriffen worden ist. Darunter sind auch sehr persönliche Aufzeichnungen: Es ist also kein systematischer Traktat, sondern ein Lebenszeugnis: Beispiel für und Anstoß zur Begegnung mit dem lebendigen Jesus in seinem Mahl, in Brot und Wein, und mannigfaltige Anregung, sich von ihm durchdringen zu lassen.

Stefan Liesenfeld

Inhalt

DU BIST BEI UNS GEBLIEBEN

Für Chiara Lubich, geboren 1920 im katholischen Trient, hatte die Eucharistie von klein auf eine große Bedeutung. Ihr Glaubensweg hat sie dieses Geheimnis tiefer entdecken lassen und zu besonderen Akzentsetzungen geführt. Aus ihren Texten über „Jesus in der Eucharistie" spricht nicht so sehr eine besondere „eucharistische Frömmigkeit", sondern die Tiefe und Weite eines intensiven gemeinschaftlichen Lebens mit Jesus. Um die Begegnung mit ihm geht es, der in der Eucharistie sich selber schenkt. Es ist derselbe Jesus, der durch die Heilige Schrift zu uns spricht, der in uns lebt, der uns in den Mitmenschen begegnet und in denen, die für uns die Kirche vertreten, derselbe, der in unserer Mitte leben möchte. Um diesen einen und ganzen Jesus und unser persönliches wie gemeinschaftliches Leben mit ihm geht es.

Die Eucharistie ist eine ganz besondere Quelle der Verbundenheit mit ihm wie auch mit der kirchlichen Gemeinschaft. Umgekehrt wächst durch das alltägliche Leben mit Jesus auch die Wertschätzung dieses »Sakraments der Einheit«, das es immer wieder neu zu entdecken gilt: Wir können nur dankbar staunen über diese einzigartige Präsenz Jesu, dem lebendigen, auferstandenen Herrn, der uns im Gestus seiner größten Liebe begegnet: in seiner Lebenshingabe für uns in der Gottverlassenheit des Kreuzes. »Jesus in der Eucharistie ist Jesus in seiner Verlassenheit«, schrieb Chiara Lubich einmal pointiert.

Diese Gegenwart Jesu in seinem ganzen Sich-Schenken für uns und unser Heil, für unsere Erfüllung trotz all unserer Grenzen und unseres Versagens wird traditionell mit dem Begriff des »eucharistischen Opfers« umschrieben. Es ist gemeinsame Überzeugung römisch-katholischer wie evangelisch-lutherischer Christen, dass in der Eucharistie, im Abendmahl, das einmalige Opfer Christi am Kreuz »je neu in der Mitte der Gemeinde wirksam werden« kann und soll (Das Herrenmahl, Paderborn [9]1981, S. 35; vgl. Evangelischer Erwachsenenkatechismus, [9]2013, S. 775). Kommunion ist Gemeinschaft, ja Einswerden mit dem gegenwärtigen, sich uns schenkenden Herrn.

Jesus feierte sein Paschamahl als Festmahl. In einer Familie ist das Mahl der Augenblick besonderer Vertrautheit und Gemeinschaft; oft ist es Ausdruck der Freundschaft und des Festes. Jesus feierte sein Mahl als jüdisches Pascha, das in sich die ganze Geschichte des Volkes Israel zusammenfasst. Das Letzte Abendmahl ist die Erfüllung der Verheißungen Gottes.

Die „Elemente“ dieses Mahles erhalten vom Alten Testament ihre Bedeutung: Das Brot, die Speise, die Gott gibt, war ein Symbol für die Gemeinschaft, eine Erinnerung an das Manna. Der Wein, der in der Bibel als „Blut des Weinstocks“ (Genesis 49,11) bezeichnet wird und bei den Opferfeiern gereicht wurde (vgl. Exodus 29,40), ist ein Symbol für die Freude der messianischen Zeit (vgl. Jeremia 31,12). Der Kelch war ein Zeichen für die Teilnahme an der Freude und für die Bereitschaft zum Leiden; er erinnerte an den Bund mit Mose (vgl. Exodus 24,6). Brot und Wein waren seinen Jüngern verheißen (vgl. Sprichwörter 9,1–6).

Wie ein jüdisches Familienoberhaupt vollzieht Jesus in seinen Gesten und im Danksagungsgebet den Ritus der Israeliten. Aber anders als ein hebräisches Paschamahl steht das Abendmahl Jesu im Zusammenhang mit seiner Passion und seinem Tod: In der Eucharistie nimmt Jesus zeichenhaft und wirklich seine Lebenshingabe zu unserer Erlösung vorweg.

Gott ist Mensch geworden und kam auf die Erde. Alles war Jesus möglich. Nachdem er aus der Dreifaltigkeit zu uns gekommen war, lag es in der Logik seiner Liebe, nicht nur 33 Jahre auf der Erde zu bleiben – so außergewöhnlich dieses göttliche Leben auch gewesen ist. Jesus fand einen Weg, um für alle Jahrhunderte und an allen Orten der Erde gegenwärtig zu bleiben. In der Eucharistie, Ausdruck seiner größten Liebe, verbinden sich Opfer und Herrlichkeit, Tod und Auferstehung.

Er ist bei uns geblieben. In seiner göttlichen Fantasie hat er die Eucharistie „erfunden", in der die ganze Fülle seiner Liebe sichtbar wird. Therese von Lisieux betet: „Jesus, ich möchte dir dafür danken, dass deine Liebe zu einer solchen Verrücktheit fähig war!"

Jesus,
du bist in der Eucharistie gegenwärtig.

Du kennst die innersten Anliegen,
die die Menschen in aller Welt
dir anvertrauen:
ihre verborgenen Probleme,
ihre Klagen und Nöte,
die Tränen der Freude,
wenn jemand sich zu dir bekehrt.

Das alles kennst du allein,
Herz der Menschheit
und Herz der Kirche.

Aus Ehrfurcht
vor diesem höchsten Ausdruck deiner Liebe
würden wir lieber schweigen;
aber gerade die Liebe,
die jede Furcht besiegen möchte,
drängt uns dazu,
das Geheimnis des Brotes und des Weines
ein wenig zu durchdringen.

Verzeih uns diesen Wagemut!

Doch die Liebe
möchte immer mehr wissen,
um immer besser lieben zu können.
Wir möchten unseren Weg auf Erden
nicht beenden,
ohne wenigstens ein wenig entdeckt zu haben,
wer du bist.

„Gottheit tief verborgen, betend nah ich dir.
Unter diesen Zeichen bist du wahrhaft hier.
Sieh, mit ganzem Herzen schenk ich dir mich hin,
weil vor solchem Wunder ich nur Armut bin.
Augen, Mund und Hände täuschen sich in dir,
doch des Wortes Botschaft offenbart dich mir.
Was Gott Sohn gesprochen, nehm ich glaubend an;
er ist selbst die Wahrheit, die nicht trügen kann."

(Thomas von Aquin, Hymnus „Adoro te devote")

Vielleicht hat sich jemand von uns schon einmal gewünscht, zur Zeit Jesu gelebt zu haben. Wir glauben, dass Gott uns aus Liebe in unsere Zeit gestellt hat. Ich möchte fast sagen, es ist besser so; denn damals war die Gegenwart Jesu auf Palästina beschränkt, während er jetzt an allen Punkten der Erde gegenwärtig ist. Es gibt noch einen weiteren Grund dafür, dass wir lieber heute leben: Gott ist Mensch geworden, um uns zu retten. Als Mensch wollte er sogar zur Speise werden, damit auch wir „Christus" werden können, wenn wir uns von ihm nähren. Es ist ein Unterschied, Jesus nur zu sehen oder gewissermaßen ein „anderer Christus" zu sein. Besteht nicht unsere Selbstverwirklichung gerade darin, ihm gleich zu werden?

Nein, die Erde blieb nicht
kalt und leer zurück;
denn du bist bei uns geblieben!

Was wäre unser Leben ohne dich …?
Du hast dich einmal der Menschheit vermählt
und bist ihr treu geblieben.

Wir beten dich an, Herr,
in allen Tabernakeln der Welt.
Sie sind in der Nähe, sie sind da für uns.
Sie sind nicht fern wie die Sterne am Himmel,
die du uns ebenfalls geschenkt hast.
Überall können wir dir begegnen,
König der Sterne und der ganzen Schöpfung!

Danke, Herr,
für dieses unermessliche Geschenk.
Der Himmel hat seinen Reichtum
auf die Erde ausgeschüttet.
Der Sternenhimmel ist klein;
groß ist die Erde.
Denn sie ist übersät mit der Eucharistie:
Gott bei uns,
Gott unter uns,
Gott für uns.

„Das Brot, das ich geben werde,
ist mein Fleisch
für das Leben der Welt“ (Johannes 6,51).
Jesus versteht sich als Brot des Lebens.
Das ist der letzte Grund seines Lebens
hier auf Erden:
Brot zu sein,
um gegessen zu werden;
verzehrt zu werden,
um uns das Leben zu schenken.

„Zur Eucharistiefeier gehören stets: die Verkündigung des Wortes Gottes, die Danksagung* an Gott den Vater für alle seine Wohltaten, vor allem dafür, dass er uns seinen Sohn geschenkt hat, die Wandlung von Brot und Wein [durch das Wort Christi und das Walten des Heiligen Geistes] und die Teilnahme am liturgischen Mahl durch den Empfang des Leibes und des Blutes des Herrn. Diese Elemente bilden eine einzige Kulthandlung.“

(Katechismus der katholischen Kirche [KKK], 1408; s. auch 1375)

* „Eucharistie“ ist Griechisch und heißt „Danksagung“. Man spricht im katholischen wie im evangelischen Raum vom Herrenmahl als „Dankopfer“.

Hoffnung auf den „einen Tisch"

Die schmerzliche Trennung der christlichen Konfessionen wird in der Eucharistie bzw. im Abendmahl besonders deutlich. Immer noch sind allzu einfache Vor- und Fehlurteile über die Glaubensüberzeugungen anderer Christen verbreitet. Schon der Blick auf das bereits Verbindende, aber auch die Information über das ökumenische Gespräch kann helfen, diese zu überwinden.
Hier sei zumindest darauf hingewiesen, dass der Glaube an „die wahre und wirkliche Gegenwart des Herrn" katholische und lutherische Christen verbindet; „Unterschiede bestehen in den theologischen Aussagen über die Weise der Realpräsenz und hinsichtlich ihrer Dauer" (Das Herrenmahl, Paderborn ^{9}1981, S. 31f; vgl. Evangelischer Erwachsenenkatechismus, ^{9}2013, S. 767ff. 774).
Die reformatorischen Kirchen in Europa bekennen in der „Leuenberger Konkordie" (1973) gemeinsam: „Im Abendmahl schenkt sich der auferstandene Jesus Christus in seinem für alle dahingegebenen Leib und Blut durch sein verheißendes Wort mit Brot und Wein. Er gewährt uns dadurch Vergebung der Sünden und befreit uns zu einem neuen Leben aus Glauben. Er lässt uns neu erfahren, dass wir Glieder an seinem Leibe sind. Er stärkt uns zum Dienst an den Menschen."
Weitere Annäherungen scheinen trotz aller Schwierigkeiten nicht ausgeschlossen, auch durch eine „ökumenische Spiritualität" (Chiara Lubich), ein intensives Miteinander-Leben.

MAHL DER GEMEINSCHAFT – BAND DER EINHEIT

In Jesu Leben spielt die Tischgemeinschaft eine große Rolle. Von der Hochzeit zu Kana über seine Mahlgemeinschaft mit »Zöllnern und Sündern« bis hin zu seinem letzten Mahl mit den Seinen. *Mahlgemeinschaft*, das ist Zeichen tiefer Zusammengehörigkeit: Miteinander Mahl halten bedeutet: das Leben teilen. Bei Jesus wird es zum Zeichen, dass Gott uns Menschen ganz nahe sein will, mehr noch: Es vermittelt einen Vorgeschmack auf das „himmlische Hochzeitsmahl". Wie groß und kostbar die Eucharistiefeier ist, das kann uns neu aufgehen, wenn wir uns bewusst machen: Jesus hält jetzt Mahl mit uns!

Eucharistie, Abendmahl zu feiern, das ist also weit mehr und etwas ganz anderes als eine kultische Handlung besonders „Frommer". In der Eucharistie verdichtet sich, was Menschsein in all seinen Dimensionen ist. Alles ist da mit drinnen: was wir sind und haben. Unser ganzes Menschsein in seiner Leiblichkeit und in seiner Tiefe, in seiner personalen Würde und Einzigartigkeit wie in seiner unabdingbaren gemeinschaftlichen Dimension kommt in Berührung mit dem, auf den hin wir geschaffen sind. Alle Linien, die nach innen, die zur Seite zu den anderen Menschen, und die nach oben hin zu Gott, laufen in der Eucharistie zusammen. Nirgendwo wird so sichtbar und greifbar, wie wichtig und ernst Gott jeden Einzelnen mit Leib und Seele nimmt, wie im Empfang der Eucharistie. Nirgendwo wird so greifbar, dass wir zusammengehören: als Brüder und Schwestern Jesu, als Kinder des einen Vaters, die berufen sind zu einem „dreifaltigen Leben“ in gegenseitiger Liebe in ihm, dem dreifaltigen Gott.

Die Eucharistie ist so das Band der Einheit, einer Einheit nach dem Bild des dreifaltigen Gottes, einer Einheit in der Liebe, in der jeder sich ganz schenkt und ganz empfängt. „Wir werden ein Leib mit Christus und blutsverwandt mit ihm und in ihm auch untereinander“, schrieb Chiara Lubich einmal: „Die Einheit erreicht ihre größte Fülle durch die Eucharistie.“
Die Wertschätzung der Eucharistie, der tiefe Wunsch, sie regelmäßig zu empfangen, wachsen wie von selbst, wo unser Herz für Jesu großes Anliegen zu schlagen beginnt, das sich in seiner Bitte an den Vater ausdrückt:

„Alle sollen eins sein“ (Johannes 17,21).

Paulus schreibt an die Gemeinde von Korinth: „Ist der Kelch des Segens, über den wir den Segen sprechen, nicht Teilhabe am Blut Christi? Ist das Brot, das wir brechen, nicht Teilhabe am Leib Christi?" Und über die Wirkung dieses geheimnisvollen Brotes sagt er: „*Ein* Brot ist es. Darum sind wir viele *ein* Leib; denn wir alle haben teil an dem einen Brot" (1 Korinther 10,16f).

Als Christen *müssen* wir von der Eucharistie sprechen, denn mit der Kirche leben und bezeugen wir das Ideal der Einheit. Kein Geheimnis unseres Glaubens ist so eng mit der Einheit verbunden wie die Eucharistie. Sie bringt die Einheit hervor und entfaltet sie in ihrer ganzen Tiefe. Durch sie vollendet sich die Einheit der Menschen mit Gott und untereinander, und auch die Einheit des Kosmos mit seinem Schöpfer.

Die Eucharistie macht uns zu einem einzigen Leib! Johannes Chrysostomus schreibt dazu: „Wir sind dieser selbe Leib. Was ist denn das Brot? Leib Christi. Und was werden diejenigen, die davon essen? Leib Christi. Nicht viele Leiber, sondern ein einziger Leib. Denn das Brot, das aus vielen Körnern besteht, ist so eins, dass man die Körner nicht mehr unterscheidet. So eng sind wir untereinander und mit Christus verbunden."

Jesus, du hast Großes mit uns vor,
und du verwirklichst es durch die Jahrhunderte.
Mach uns eins mit dir,
damit wir dort sind, wo du bist.
Für dich,
der du aus der Dreifaltigkeit auf die Erde kamst,
war es der Wille des Vaters,
dass du dorthin zurückkehrtest –
aber nicht allein, sondern mit uns.
Dein langer Weg von der Dreifaltigkeit
hin zur Dreifaltigkeit
führt durch Geheimnisse von Leben und Tod,
durch Schmerz und Herrlichkeit.
Wie gut,
dass die Eucharistie auch „Danksagung" ist …

Da Christus alle mit sich vereinigt, vereinigt er sie untereinander", schreibt Albertus Magnus; „denn wenn mehrere Dinge mit einem dritten vereint sind, sind sie auch untereinander verbunden."

Die Eucharistie ist das Band und die Quelle der Einheit. Sie ist eine Möglichkeit, die Gott „erfunden" hat, damit wir hier auf der Erde eins sein können mit Christus und untereinander. Ist uns das genügend bewusst?

„In den Gestalten dieses Sakraments wird Gemeinschaft dargestellt, nämlich die Einheit vieler in dem Einen, das heißt in Brot und Wein. Denn das Brot wird aus vielen Körnern bereitet und der Wein aus vielen Beeren." (Albertus Magnus, De eccl. Hierarchia 3,2)

„Die Eucharistie ... ist eingesetzt, damit wir Brüder und Schwestern werden; damit wir aus Fremden, Verstreuten und einander Gleichgültigen zu Menschen werden, die vereint und gleich, ja Freunde sind. Sie ist uns geschenkt, damit wir aus gleichgültigen, egoistischen Menschen, die untereinander gespalten und verfeindet sind, ein Volk werden, ein wahres Volk, das glaubt und liebt, das ein Herz und eine Seele ist."

(Paul VI., Insegnamenti, 1966, III, 355–359)

Alle sind wir Brüder und Schwestern, aber oft gehen wir achtlos aneinander vorbei. Das geschieht auch unter Christen. Sicher, es gibt die Gemeinschaft der Heiligen, den Mystischen Leib; aber die Beziehungen zwischen den Gliedern dieses Leibes sind oft wie dunkle Gänge. Die Kraft, sie zu erleuchten, ist vorhanden; denn in vielen Menschen ist die Gnade lebendig. Doch Letzteres allein entspricht noch nicht dem Anliegen Jesu, das in seiner Bitte an den Vater zum Ausdruck kommt. Er wollte „erleuchtete Gänge", einen Himmel auf Erden: die Einheit aller mit Gott und untereinander. Er wollte gegenwärtig sein in allen Beziehungen, nicht nur in jedem Einzelnen. Das ist das Vermächtnis Jesu, der sein Leben für uns gegeben hat, der brennendste Wunsch Gottes.

Die [katholische] Kirche betont in unserer Zeit … einige Aspekte, die in der Vergangenheit nicht mehr richtig verstanden und praktiziert wurden: die Messfeier als Gedächtnis, als Opfer Jesu und der Kirche und als *Mahlgemeinschaft* mit Christus und den Brüdern und Schwestern. Die Messe nimmt einfachere, familiärere Formen an, mit größerer Beteiligung des Volkes; sie drückt das Engagement zur Liebe, zur Gemeinschaft aus, was den heutigen Bedürfnissen sehr entgegenkommt.

Das Zweite Vatikanische Konzil erklärt, dass die „Gedächtnisfeier seines Todes und seiner Auferstehung" das „Zeichen der Einheit" und das „Band der Liebe" ist: „So richtet die Kirche ihre ganze Sorge darauf, dass die Christen diesem Geheimnis des Glaubens nicht wie Außenstehende und stumme Zuschauer beiwohnen; sie sollen vielmehr durch die Riten und Gebete dieses Mysterium wohl verstehen lernen und so die heilige Handlung bewusst, fromm und tätig mitfeiern, sich durch das Wort Gottes formen lassen, am Tisch des Herrenleibes Stärkung finden. Sie sollen Gott danksagen und die unbefleckte Opfergabe darbringen, nicht nur durch die Hände des Priesters, sondern auch gemeinsam mit ihm, und dadurch sich selber darbringen lernen. So sollen sie durch Christus, den Mittler, von Tag zu Tag zu immer vollerer Einheit mit Gott und untereinander gelangen, damit schließlich Gott alles in allem sei“ (SC 48) …

Durch die Eucharistie sind alle Glieder des Leibes Christi präsent, über Entfernungen und Tod hinaus: Raum und Zeit sind in dem gegenwärtigen, verherrlichten Christus überwunden.

Die Eucharistie bewirkt, dass sich die Christen untereinander als ein einziger Leib fühlen, wie die Apostelgeschichte berichtet: „Die Gemeinde der Gläubigen war ein Herz und eine Seele. Keiner nannte etwas von dem, was er hatte, sein Eigentum, sondern sie hatten alles gemeinsam“ (Apostelgeschichte 4,32).

Die Eucharistie bringt die geschwisterliche Gemeinschaft hervor! Wenn die Menschheit diese Tatsache ernst nehmen würde, hätte das unabsehbare Folgen, das Leben bekäme einen Vorgeschmack des Himmels.

Wenn die Eucharistie uns untereinander eins macht, ergibt sich von selbst, dass wir einander als Brüder und Schwestern behandeln. Die Eucharistie bringt die Familie der Kinder Gottes hervor, macht uns zu Brüdern und Schwestern Jesu und zu Geschwistern untereinander. Bereits in der natürlichen Familie gibt es Verhaltensweisen, die die Welt verändern können, wenn sie aus dem Glauben heraus und auf breiter Ebene Anwendung finden. In der Familie wird alles miteinander geteilt, das Leben, die Wohnung …

In einer guten Familie herrscht eine Atmosphäre des Vertrauens. Einer kennt die Situation des anderen, weil man sich einander mitteilt. Die einzelnen Glieder bringen in ihre Umgebung die Wärme der Familie. Eine gesunde Familie kann einen wertvollen Beitrag leisten zum Aufbau der Gesellschaft. Eine Familie kann sich glücklich schätzen, wenn es ihr möglich ist, sich um den Tisch zu versammeln, gemeinsam zu singen oder zu beten.

Wenn nun die Familie eines der schönsten Werke des Schöpfers ist, wie wird dann erst die Familie der Kinder Gottes sein?

In der Eucharistie wird „aktualisiert“, das heißt hier und heute real und greifbar, was Jesus für uns getan hat: Er ist Mensch geworden, hat sich hingegeben für uns, um uns mit sich zu vereinen, damit wir in ihm, als sein „Leib“, hineingenommen werden in das Leben des dreifaltigen Gottes. Dies wird hier und heute „ver-gegenwärtigt“ in der Eucharistie. Dass diese uns „vergöttliche“, wie es in der Tradition der Kirche öfter heißt, bekommt auf diesem Hintergrund seine neue, tiefe Bedeutung.

Der Sohn Gottes ist Mensch geworden, um uns Menschen in seine Beziehung zum Vater mit hineinzunehmen. Durch seinen Tod am Kreuz hat er uns erlöst und zu seinen Brüdern und Schwestern gemacht; durch die Gabe des Heiligen Geistes hat er uns in das Innerste der Dreifaltigkeit hineingenommen. So dürfen auch wir uns mit den Worten des Sohnes an Gott wenden: „Abba, lieber Vater“ (vgl. Markus 14,36; Römer 8,15). Darin ist alles enthalten: das blinde Vertrauen auf seine Liebe und schützende Hand, die Hoffnung auf seinen Trost und seine Kraft, die brennende Liebe zu dem, von dem man sich geliebt weiß …

Die Eucharistie bewirkt ein Einswerden des Gläubigen mit Gott … Zwischen dem, der kommuniziert, und Christus geschieht nicht ein physisches Einswerden, sondern eine mystische, geistliche Umwandlung, die jedoch real ist, sodass man von einem einzigen „Leib“ sprechen kann.

Die Konzilskonstitution über die Kirche *Lumen Gentium* stellt fest, „dass die Teilhabe am Leib und Blut Christi nichts anderes wirkt, als dass wir in das übergehen, was wir empfangen“ (LG 26). Das zeigt sich in der außergewöhnlichen Erfahrung von Mystikern, die gerade durch die Kommunion zu dieser umgestaltenden Einigung gelangt sind.

Der hochzeitliche Charakter des Bundes zwischen Christus und der Kirche wird auch in der Vereinigung Christi mit der Seele erfahrbar. Auf diesem Hintergrund versteht man die großartige Aussage des Thomas von Aquin: „Die eigentliche Wirkung der Eucharistie ist die Umwandlung des Menschen in Gott“ (Sent. IV, dist. 12, q. 2, a. 1).

Wir Christen haben zu viele Worte gesagt und gehört, doch zu wenig haben wir verstanden, welche Liebe Christus zu uns hat: „Wie mich der

Vater geliebt hat, so habe auch ich euch geliebt“ (Johannes 15,9).

Dieses „wie“ ist wirklich wahr. So sehr sind wir geliebt! Durch die Eucharistie werden wir ein anderer Christus. Wenn wir das verstünden, sähe die Welt heute anders aus.

„Wenn du deine Opfergabe zum Altar bringst und dir dabei einfällt, dass dein Bruder etwas gegen dich hat, so lass deine Gabe dort vor dem Altar liegen; geh und versöhne dich zuerst mit deinem Bruder."

(Matthäus 5,23f)

Immer wieder hat Chiara Lubich diese Stelle aus der Bergpredigt zitiert. Gefährtinnen von ihr berichten, wie die entstehende Gemeinschaft dieses Wort Jesu wörtlich genommen hat: Man ging erst zur Kommunion, wenn man um Verzeihung gebeten hatte. In einem „Pakt der Barmherzigkeit", das heißt im Versprechen, einander jeden Tag neu zu sehen und neu miteinander anzufangen, fand man eine Weise der Konkretisierung. Bereits in der frühesten Zeit des Christentums war der innere Zusammenhang von Mahlgemeinschaft und Versöhnung bewusst. So heißt es schon in der Didaché, der sog. Zwölfapostellehre, die aus dem 1./2. Jahrhundert stammt:

„Niemand soll eure Eucharistie essen oder trinken, der nicht im Namen des Herrn getauft ist; denn er hat gesagt: ‚Gebt das Heilige nicht den Hunden' (Matthäus 7,6).
Versammelt euch am Tag des Herrn; brecht das Brot und sprecht die Danksagung, nachdem ihr eure Sünden bekannt habt, damit euer Opfer rein sei.
Wer mit anderen Streit hat, soll sich euch nicht anschließen, bis er sich mit ihnen ausgesöhnt hat, damit euer Opfer nicht entweiht werde."

(Didaché 9,5)

Die Sendung Christi besteht in einem einzigartigen Weg: von der Dreifaltigkeit hin zur Dreifaltigkeit. Der Vater liebt uns und sendet uns seinen Sohn. Zu den Werken, die der Sohn in Einheit mit dem Vater wirken soll, gehört die Eucharistie. Wenn der Sohn das Geschenk des Vaters an die Menschen ist, dann ist die Eucharistie ein Geschenk dessen, der uns geschenkt wurde. Wer sie in rechter Bereitschaft empfängt und so ein Leib wird mit dem Sohn und mit den Brüdern und Schwestern, kehrt heim in den Schoß des Vaters. Das Zweite Vatikanische Konzil drückt sich so aus: Bei der Eucharistiefeier haben „die Gläubigen, mit ihrem Bischof geeint, Zutritt zu Gott, dem Vater, durch den Sohn … in der Ausgießung des Heiligen Geistes, und (erlangen) so die Gemeinschaft mit der allerheiligsten Dreifaltigkeit“ (UR 15).

Wir wissen von Heiligen und von anderen Menschen, die eine Aufgabe für die Kirche hatten, dass Gott sie in verschiedenem Maße etwas von diesem Hineingenommen-Werden in den Schoß des Vaters erfahren ließ. Dies trifft im Allgemeinen nicht auf alle zu. Einige sind vielleicht im Schoß des Vaters, ohne es zu erfahren; aber es bleibt eine ständige Sehnsucht, dorthin zu gelangen.

Die Eucharistie ist eine Speise, die belebt, stärkt und Kraft gibt. Man muss sich oft von ihr nähren, damit das Wort Wirklichkeit wird:

„Ich lebe, doch nicht mehr ich lebe,
sondern Christus lebt in mir“ (Galater 2,20).

Eine besonders dichte Erfahrung dieses „Einswerdens" mit Christus und des gemeinsamen „Hineingenommen-Werdens in die Wirklichkeit Gottes", anders gesagt: eine tiefe Erfahrung von „Kirche-Sein" machte Chiara Lubich im Sommer 1949. Es war eine mystische Erfahrung, mit der eine Zeit tiefer Einsichten begann. Beachtenswert ist der letzte Satz ihrer Erzählung: „Die Realität, die dann folgte, war jedoch die Alltagswirklichkeit": Der Weg Jesu führt immer wieder zurück zu den Menschen, in die Welt. Communio („Kommunion") und Sendung gehören untrennbar zusammen. Chiara Lubich schreibt:

Wir hatten uns bemüht, Jesus in uns leben zu lassen, als Einzelne und als Gemeinschaft, damit er unter uns war. Auf diesem Hintergrund haben eines Tages, es war im Jahr 1949, Igino Giordani [ein italienischer Schriftsteller und Politiker] und ich in der heiligen Kommunion, die wir so sehr liebten und neu als Band der Einheit entdeckt hatten, Jesus gebeten, er möge unsere Seelen so einen, wie nur er es vermag. Aufgrund einer besonderen Gnade erlebten wir, was es bedeutet, eine lebendige Zelle des mystischen Leibes Christi zu sein: Es bedeutet, Jesus zu sein – und als solche im Schoß des Vaters. Und „Abba, Vater!" (Römer 8,15; Galater 4,6) kam über unsere Lippen.

In diesem Augenblick tat sich uns ein neues Verständnis unseres Glaubens auf: Uns schien, dass er darin besteht, an der Seite Jesu, unseres Bruders, zu sein und mit ihm den Vater zu lieben. So nahm eine lichtvolle, einzigartige Zeit ihren Anfang, in der wir unter anderem den Eindruck hatten, dass Gott uns etwas von seinen Plänen mit unserer Bewegung verstehen lassen wollte. Wir verstanden auch viele Glaubenswahrheiten tiefer, besonders, was der verlassene Jesus, der alles in sich vereint hat, für die Menschen und für die Schöpfung bedeutete.

Diese Erfahrung war so stark, dass wir meinten, das Leben würde immer so bleiben: Licht, Himmel. Die Realität, die dann folgte, war jedoch die Alltagswirklichkeit.

VON HERZ ZU HERZ

Man könne nicht über Gott in der dritten Person reden, äußerte der große jüdische Gelehrte Martin Buber einmal. Der lebendige Gott ist immer ein Du, ein „Begegnender" – oder er ist schwerlich in seinem Wesen als Liebe „getroffen". Über die Eucharistie sind zahllose Abhandlungen verfasst worden, bis heute wird über sie nachgedacht, um ihr Verständnis gerungen. Der unmittelbarste, der eigentliche Zugang aber ist die lebendige Mitfeier und der Empfang der Kommunion. In Chiara Lubichs schriftlicher Hinterlassenschaft finden sich weit mehr Texte, die Ausdruck des lebendigen *Gesprächs* mit dem „eucharistischen Jesus" sind, als Reflexionen über die Eucharistie. Die Begegnung mit Jesus in der Eucharistie ist eine Quelle des Lebens. Und dieses Gespräch „von Herz zu Herz" setzt sich fort im Alltag mit seinen vielfältigen Aufgaben, in den Begegnungen mit IHM in den Schwestern und Brüdern.

Dass das Gespräch mit ihm, die „Audienz beim Allmächtigen", wie Chiara Lubich es nennt, in Zeiten der Prüfung und Anfechtung besonders innig wird, versteht sich von selbst: Leiden verbindet. Auch und besonders mit Jesus.

Es übersteigt mein Verstehen,
es ist überwältigend
und bewegt mich immer stärker
in der Tiefe des Herzens:
dein schweigendes Dasein im Tabernakel.

Komme ich morgens zur Kirche,
bist du da.
Drängt mich die Liebe eilends zu dir,
bist du da.
Schau ich vorbei aus Zufall, Gewohnheit
oder Ehrfurcht:
Immer bist du da.

Jedes Mal sagst du mir etwas,
bringst du Klarheit in mein Denken und Fühlen.
In immer neuen Noten
lässt du dein vertrautes Lied erklingen
und sagst mir aufs Neue ein einziges Wort:
ewige Liebe.

Mein Gott, nichts Besseres konntest du ersinnen.
Dein Schweigen
dämpft den Lärm unseres Lebens;
in diesem Schweigen
schlägt dein Herz, das jede Träne trocknet;

dieses Schweigen
übertrifft die Harmonie des Himmels;
dieses Schweigen
sagt dem Verstand *das Wort*
und schenkt dem Herzen göttlichen Trost;
in diesem Schweigen
ordnen sich alle Stimmen
zu einem herrlichen Chor,
und jedes Gebet klingt verwandelt.

Deine geheimnisvolle Gegenwart ...
Dort ist das Leben,
die Erfüllung der Sehnsucht;
dort findet unser Herz Ruhe,
und wir schöpfen neue Kraft
für den Weg unseres Lebens.

Wer „den Leib und das Blut Christi“ empfängt, muss keine großen Worte machen: Jesus kennt uns ...

Jesus weiß um alles.
Er liest in allen Herzen,
kennt die Gedanken eines jeden.

Wie tröstlich ist es, dies zu wissen,
wenn wir aus tiefster Seele
unsere Bitten vor ihn tragen,
wenn wir ihn loben
oder ihm unsere Liebe bekunden möchten.
Er weiß darum, er vernimmt alles …
Jesus, der Gott ist, weiß um alles.
Was für eine Ermutigung für den, der betet!
Gott hört uns an.
Das genügt uns.

Ob er uns dann erhört oder nicht,
ist etwas anderes;
Gott weiß ja, was gut für uns ist.

Kein Schmerz der Welt ist Jesus fremd.
Er hat unsere Prüfungen
auf sich genommen
und identifiziert sich mit uns.
Er begegnet uns in allem,
was uns wehtut und Angst macht.
Jede Situation,
sei sie auch noch so schmerzhaft
und erschreckend,
zeigt uns sein Antlitz.

Wenn du leidest
und dein Leiden so groß ist,
dass es dich an jeder Tätigkeit hindert,
dann denke an die Messe.

In der Messe, damals wie heute,
arbeitet und predigt Jesus nicht:
Er gibt sich hin aus Liebe.

Im Leben kann man vieles tun
und vieles sagen,
doch die Stimme des Schmerzes,
stumm vielleicht und von keinem beachtet,
aber aus Liebe geschenkt,
ist das eindringlichste Wort:
Es erschüttert den Himmel.

Wenn du leidest,
versenke deinen Schmerz in seinen:
Feiere deine „Messe“!

Wenn die Welt das nicht versteht,
soll es dich nicht verwirren.
Jesus, Maria und die Heiligen verstehen dich,
das genügt.

Lebe mit ihnen,
gib dein Blut zum Segen für die Menschheit –
wie Jesus.
Die Messe: zu groß, um verstanden zu werden!
Seine Messe, unsere Messe.

Was wäre unser Leben,
wenn wir nicht auf dich blickten, Herr,
der du auf wunderbare Weise
alle Bitterkeit in Freude verwandelst,
auf dich am Kreuz, der du schreist,
ausgespannt zwischen Himmel und Erde …
Zur Kälte geworden,
hast du dein Feuer auf die Erde geworfen;
zu Tode erstarrt, hast du uns
dein Leben geschenkt,
damit wir daraus leben …
Uns genügt, zumindest ein wenig
dir ähnlich zu sein,
unseren Schmerz mit deinem zu vereinen
und ihn dem Vater zu schenken.

Manchmal folgen die Prüfungen
Schlag auf Schlag.
Man möchte sich dagegen auflehnen:
„Es ist zu viel! Geduld ist zwecklos!“
Dann wirft man sich nieder
vor Jesus im Tabernakel,
und er spricht aus dem Schweigen,
mehr als tausend Stimmen draußen.
Er sagt:
Nein, noch ist es nicht an der Zeit,
über einen unserer Lebenstage zu sagen:
Heute darf es kein Leid geben!

Der folgende Text entstand als Dankgebet nach der Kommunion.

Ich liebe dich,
nicht weil ich lernte,
dir dies zu sagen,
nicht weil das Herz mir diese Worte eingibt,
nicht weil der Glaube mir sagt,
dass du Liebe bist,
nicht einmal nur,
weil du für mich gestorben bist.

Ich liebe dich,
weil du in mein Leben kamst,
mehr als die Luft in meine Lungen,
mehr als das Blut in meine Adern.
Du hast Eingang gefunden,
wo kein anderer es vermochte,
als niemand mir helfen konnte,
jedes Mal, wenn ich untröstlich war.
Jeden Tag habe ich mit dir gesprochen,
jede Stunde auf dich geschaut;
in deinem Antlitz las ich die Antwort,
deine Worte gaben mir Klarheit,
in deiner Liebe fand ich die Lösung.

Ich liebe dich,
denn viele Jahre lebtest du mit mir,
und ich lebte aus dir.
Ohne es zu merken,
trank ich von deinem Gesetz.
Ich habe mich davon genährt, daran gestärkt,
mich wieder aufgerichtet;
doch ich war unwissend wie ein Kind,
das von der Mutter trinkt
und sie noch nicht zu rufen weiß
mit ihrem wunderbaren Namen.

Gib mir für die Zeit, die mir noch bleibt,
dir ein wenig dankbar zu sein für diese Liebe,
die du über mich ausgegossen hast
und die mich drängt, dir zu sagen:

Ich liebe dich.

Voll Freude dachte ich daran, mit welchem Herzen Jesus, der verherrlichte Herr, der in der Kommunion zu uns kommt, uns liebt ...

Unwillkürlich fragte ich mich, wie ich auf diese Liebe antworten könnte, und ich dachte:

Ein liebendes Herz
verlangt eine Antwort des Herzens.

Mit der Liebe meines Herzens auf die seine antworten, von Herz zu Herz: Das sei meine Losung für heute, für jeden Tag, solange Gott will.

Für mich bedeutet dies, möglichst leer und offen für den Heiligen Geist zu sein. Denn nur er in mir ist imstande, Jesu Herz gebührend zu lieben. Deshalb möchte ich alles zur Seite legen, auch die schönsten und heiligsten Dinge, um ihm Raum zu geben. Ich darf die Dinge zwar lieben, doch sie sind nicht Gott.

SENDUNG UND RUF

Eins werden mit Jesus in der Eucharistie, das heißt immer auch: sich als Einzelne und als Gemeinschaft von ihm hinausschicken zu lassen in die Welt, in ihm selber zur „Gabe" für andere zu werden, „eucharistisch" zu leben in jener Liebe zu allen, deren Ernstfall die Liebe zu den Ärmsten, zu den Feinden, zu denen ist, die uns so gar nicht liebenswürdig erscheinen. Für Chiara Lubich war dieser Zusammenhang von Anfang an wesentlich: Das Leben nach außen wächst wie von selbst aus einem authentischen inneren Leben, und das innere Leben, die Verbundenheit mit Christus, bekommt eine neue Intensität, „wenn wir tagsüber für Christus in den Brüdern und Schwestern gelebt haben".

Das ist die Sendung, die mit der Eucharistie verbunden ist. Ein Ruf, eine Sendung, die teilhat an der Sendung Jesu: „Wie mich der Vater gesandt hat, so sende ich euch." Und wie der Vater ihn auferweckt hat und das Leben in Fülle geschenkt hat, will er auch uns bleibendes Leben in Fülle schenken: Die Eucharistie ist, wie es in der Sprache der Kirche heißt, „Unterpfand ewigen Lebens".

Jesus ist gestorben
und hat die Erde verlassen,
um an *allen* Orten der Welt bleiben zu können:
in der Eucharistie.
Er war Gott,
und als göttlicher Same
brachte er vielfache Frucht:
sich selbst an vielen Orten.
So müssen auch wir sterben,
um vielfache Frucht zu bringen …

„Sterben, um Frucht zu bringen“, das heißt Maß nehmen an Jesu Gebot, einander zu lieben, wie er uns geliebt hat: bis zur Hingabe seines Lebens. „Eucharistisch leben“ bedeutet, sich in diese Bewegung der Liebe hineinnehmen zu lassen und „zu lieben, auch wenn es wehtut, ja bis es wehtut“, wie Mutter Teresa zu sagen pflegte.

Auch Jesus liebte die Nächsten, indem er ihnen zu essen gab, Kranke heilte, den Sündern Vergebung gewährte … Aber er hat sich nicht darauf beschränkt. Um den Menschen seine Liebe bis zur Vollendung zu erweisen, hat er für sie gelitten und sein Leben hingegeben. Dies lässt uns verstehen, dass zur Nächstenliebe auch das Leiden für die Mitmenschen gehört.

Herr, nimm mein Leben an!
Dich trage ich im Herzen;
du bist der Schatz, der mein Leben beseelen soll.
Begleite mich und achte auf mich.
Dein ist mein Lieben:
meine Freude und mein Leid …
In dir verborgen wie in einem Tabernakel,
will ich leben und da sein für alle.
Nur für dich soll meine Hand sich rühren,
dir gehöre jeder Laut meiner Stimme.
Durch mich begrenzten, armseligen Menschen
kehre deine Liebe, Herr, zurück
in die Wüsten der Welt …
Erhelle, göttliche Weisheit,
die dunkle Trauer von vielen, von allen.
Maria leuchte auf.

Wenn das Weizenkorn
nicht in die Erde fällt und stirbt,
bleibt es allein;
wenn es aber stirbt,
bringt es reiche Frucht" (Johannes 12,24).

Wenn es nicht stirbt,
bleibt das Weizenkorn vielleicht unversehrt,
aber es bleibt allein;
stirbt es, so vervielfacht es sich.

Manchmal lässt Gott zu,
dass wir verschiedenste Erfahrungen
von „Sterben" und „Tod" machen.
Auch wir sollen auf unserem Lebensweg
„Frucht bringen" …
Gott möchte,
dass wir ein reiches,
erfülltes, überfließendes Leben haben,
in dem sich sein göttliches Leben widerspiegelt.

So vielen Menschen wir
von früh bis spät begegnen –
in allen wollen wir Jesus sehen.
Wenn wir alles mit einfachen Augen betrachten,
ist Gott es, der durch unsere Augen schaut:
Gott, die Liebe …
Gott ist in der Seele jedes Menschen,
der in der Gnade lebt;
und wenn seine Seele „tot“ ist,
ist sie wie ein leerer Tabernakel,
der darauf wartet,
dass Gott in ihm Wohnung nimmt …

Schauen wir darum
auf jeden Menschen in Liebe;
lieben aber heißt schenken.

„Genährt" von Jesus, sind seine Jüngerinnen und Jünger gerufen, ihn in sich leben zu lassen und so für die Menschen *in unserer Zeit* mit ihren Nöten und den Fragen von heute da zu sein: Jesus heute begegnen in der Eucharistie, damit unser ganzes Leben, ja die Welt zum Raum der Begegnung mit ihm wird ...

Es gibt in unserer Zeit eine Sehnsucht, die nur von wenigen wahrgenommen wird. Doch wer den Menschen als Ganzen sieht, der spürt hinter dem verbreiteten Verlangen nach Hilfe und Orientierung, hinter der Not und dem Leid so vieler Menschen in aller Welt eine verborgene Sehnsucht nach Jesus: Man wünschte, er käme wieder …

Er soll auch heute durch die Welt gehen und uns zeigen, wie wir seine Worte und Taten „wiederholen" können.

Ja, er möge uns verstehen lassen, wie er heute leben würde, in unserer Zeit …

Die Welt wartet auf ihn; in dem Wort „Jesus" findet sich die Antwort auf ungezählte Fragen und Probleme, die uns heute umtreiben.

Wenn dein Gebot, einander zu lieben,
unter uns,
deinen Schwestern und Brüdern,
lebendige Realität würde,
dann hätten wir nicht den Eindruck,
uns von dir zu entfernen,
sobald wir die Kirche verlassen.
Straßen und Tabernakel gingen ein
in eine einzige Wirklichkeit:
in das Reich Gottes unter den Menschen!

Herr, nähre uns jeden Tag mit deinem Leib!
Aber hilf uns auch, so offen zu sein,
dass du uns in jedem Augenblick des Lebens
nähren kannst mit deiner Gegenwart
mitten unter uns.

Jesus bekräftigt: „Das Brot, das ich geben werde, ist mein Fleisch für das Leben der Welt … Wer mein Fleisch isst und mein Blut trinkt, hat das ewige Leben, und ich werde ihn auferwecken am Letzten Tag“ (Johannes 6,51.54).

„Für das Leben der Welt …“: Die Eucharistie schenkt also schon in dieser Welt das Leben. Aber was ist das Leben? Jesus sagt; „Ich bin das Leben“ (Johannes 11,25; 14,6).

Durch dieses Brot gibt er uns sich selbst – schon jetzt … Er beginnt in uns sein unsterbliches Leben, das nicht mit dem Tod zu Ende ist. Auch wenn der Leib der Verwesung anheimfällt, bleibt doch das Leben – Christus – als das Prinzip der Unsterblichkeit für die Seele wie für den Leib …

Derselbe Lebenssaft, dasselbe Blut (das heißt dieselbe Liebe, mit welcher der Vater den Sohn liebt) verbindet uns mit Jesus (vgl. Johannes 17,23–26). Wir werden blutsverwandt mit Christus, gehören zu seinem Leib. Im wahrsten und tiefsten Sinn des Wortes kann Jesus nach der Auferstehung seine Jünger „Brüder“ (Johannes 20,17) nennen. Der Verfasser des Hebräerbriefes betont, dass der auferstandene Christus „sich nicht scheut, sie

Brüder [und Schwestern] zu nennen“ (Hebräer 2,11).

Es ist nicht denkbar, dass diese Familie Gottes, die er geschaffen hat, vom Tod jemals auseinandergerissen werden kann. Eine solch absurde Trennung mit ihren schmerzlichen Folgen hätte nicht Gottes letztes Wort sein können. Er musste uns eine Antwort geben, und das tat er, als er von der Auferstehung des Fleisches sprach. Diese Wahrheit ist kein dunkles Glaubensgeheimnis, sondern eine logische Folge christlichen Lebens. Sie vermittelt uns die freudige Gewissheit, dass wir uns alle mit Jesus zusammenfinden werden, weil er uns miteinander vereint hat.

Quelle des Lebens

Quelle des Lebens: Herr, das bist du,
Weg der Versöhnung, Hoffnung für diese Welt.

1. Ja, du bist geblieben auf dieser Erde,
denn du willst stets bei uns sein,
schenkst dich in Brot und Wein.
Das ist die Liebe,
Geheimnis, das uns eint in dir;
du schenkst dich hin für uns.

2. Nein, auch nicht der Tod kann uns von dir trennen,
denn du willst stets bei uns sein,
und das Leben bist du.
Liebst uns für immer,
bist Gott mit uns, bist Gott für uns;
ja, du lebst unter uns.

3. Ja, der Himmel ist schon auf dieser Erde,
denn du willst stets bei uns sein,
und du führst uns zu dir,
in dein Zuhause.
Und leben werden wir mit dir
für alle Ewigkeit.

(Gottesdienstlied von GENROSSO, nach Gedanken von Chiara Lubich.
- Italienischer Originaltext: Valerio Ciprì; CD „In deiner Liebe“)

Quellen

S. 12f	In Brot und Wein. Die Eucharistie – Sakrament der Gemeinschaft, München ^{5}1989, 16f.
S. 14	Ebd., 12.
S. 15f	Ebd., 11.
S. 17	Chiara Lubich ... mit den Gen im Gespräch, Friedberg-Ottmaring 2007, 71.
S. 18	Alle sollen eins sein.Geistliche Schriften, München ^{2}1999, 279.
S. 19	In Brot und Wein, 19.
S. 23	Ebd., 24; 12.
S. 24	Ebd., 24.
S. 25	Die große Sehnsucht unserer Zeit, München ^{2}2011, 349.
S. 26	Alle sollen eins sein, 32.
S. 27f	In Brot und Wein, 39f.; 58f.
S. 29f	Ebd., 56f.
S. 30	Die große Sehnsucht, 24.
S. 31f	In Brot und Wein, 46–48.
S. 34f	Ebd. 77f.
S. 36f	Der Schrei der Gottverlassenheit. Der gekreuzigte und verlassene Jesus in Geschichte und Erfahrung der Fokolar-Bewegung, München 2001, 50.
S. 40f	Alle sollen eins sein, 51.
S. 42	Alles besiegt die Liebe. Betrachtungen und Reflexionen, München 1998, 209.
S. 43	Die große Sehnsucht, 76.
S. 44f	Alle sollen eins sein, 30.
S. 45	Erst in der Nacht sieht man die Sterne, München ^{2}2000, 40.
S. 46	Alle sollen eins sein, 261.
S. 47f	Alle sollen eins sein, 147f
S. 49	Alles besiegt die Liebe, 80.
S. 52	Alle sollen eins sein, 20.
	Die große Sehnsucht, 221.
S. 53	Alle sollen eins sein, 46.
S. 54	Die große Sehnsucht, 117.
S. 55	Alle sollen eins sein, 146.
S. 56	Die große Sehnsucht, 11.
S. 57	Alle sollen eins sein, 124.
S. 58f	In Brot und Wein, 21–23.

In derselben Reihe sind bisher erschienen:

Chiara Lubich
»Gott liebt dich über alles«

Kurze Gedanken aus unveröffentlichten frühen Briefen. »Gott ist kein ferner, unbeweglicher und den Menschen unzugänglicher Gott. Er kommt jedem Menschen auf tausend Weisen entgegen.«
48 S., kt., ISBN 978-3-87996-799-5

Chiara Lubich
»Zur Freiheit befreit«. Über die frohe Botschaft vom Willen Gottes

Gott, der die Liebe ist, will ... nur lieben. Er will heil machen, Frieden schenken, befreien. Das oft verstellte Wort vom »Willen Gottes« bekommt einen neuen Klang.
64 S., kt., ISBN 978-3-87996-905-0

Chiara Lubich
Gottes Wort für hier und heute
Biblisch inspiriert leben

Die Reflexionen und Beobachtungen von Chiara Lubich ermutigen, sich auf die Spur des Wortes Gottes zu begeben. Denn es wirft Licht auf unser Leben und Zusammenleben.
64 S., kt., ISBN 978-3-87996-927-2

www.neuestadt.com